Einsterns Schwester

3

Themenheft 1
Sprache untersuchen

Herausgegeben von
Roland Bauer
Jutta Maurach

Erarbeitet von
Annette Rothfuß

Cornelsen

Inhaltsverzeichnis

Ich bin Lola und ich helfe dir.

So kannst du mit den Heften arbeiten

Du machst alle
Seiten der Lernportion 1.

Zuerst im
grünen Heft.

Dann im
roten Heft.

Dann im
gelben Heft.

Und dann im
blauen Heft.

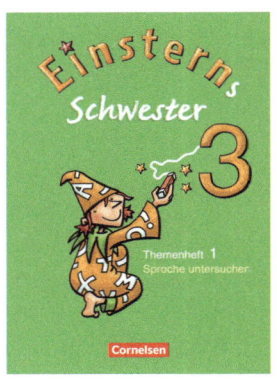 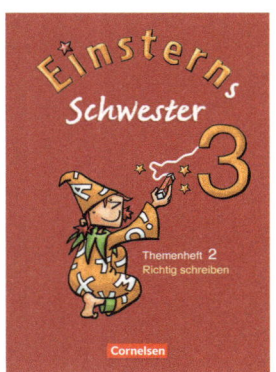 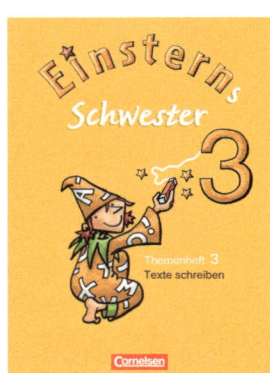 

Danach machst du in
allen Heften die Lernportion 2.

Nun machst du in
allen Heften die Lernportion 3.

Zu jeder
Lernportion
kannst du
im Arbeitsheft
arbeiten.

Genauso bearbeitest du
alle anderen Lernportionen.

→ AH Seite …
Dieser Hinweis zeigt dir,
dass es eine passende Seite
im Arbeitsheft gibt.

1 Nomen für Menschen und Dinge ordnen

1 Ordne die Nomen für Menschen und Dinge.

Artikel sind der, die, das, ein, eine.

die Eisverkäuferin	die Sonne
der Fischer	das Baby
der Mann	das Meer
der Strandkorb	der Opa
die Zeitung	der Kapitän
die Sonnenbrille	der Taucher
die Oma	die Sandburg
die Wolke	die Frau

Heft 1, Seite 5 ①

Menschen	Dinge
die Eisverkäuferin	die Sonne
...	

2 Finde weitere Nomen zum Urlaub.
Ergänze die Tabelle.

1 Ordne die Nomen für Tiere und Pflanzen.
Schreibe den Artikel dazu.

DER WALD IST WIE EIN HAUS.

AUF DEM **WALDBODEN** WÄCHST MOOS

UND FARN. DORT WOHNEN MAUS,

HAMSTER UND DACHS.

IN DER **KRAUTSCHICHT** WACHSEN GRAS,

FARN UND SPRINGKRAUT. SIE IST DIE HEIMAT

VON HASE, IGEL UND SCHMETTERLING.

IN DER **GEHÖLZSCHICHT** STEHEN

EICHE, BUCHE UND KIEFER.

SIE BIETET WOHNUNG FÜR

WALDKAUZ, BUCHFINK

UND KUCKUCK.

WAS IST WOHL DAS DACH?

Heft 1, Seite 6 ①	
Tiere	Pflanzen
die Maus	das Moos
...	...

2 Finde weitere
Waldpflanzen oder
Waldtiere im Bild.

3

Bestimmte und unbestimmte Artikel verwenden

1 Schreibe mindestens sechs Dinge auf, die dir gefallen könnten. Unterstreiche die Artikel.

> Es gibt bestimmte und unbestimmte Artikel: die Sandburg – eine Sandburg, der Apfel – ein Apfel, das Bett – ein Bett

| Spiel | Puzzle | Flummi | Buch |

| Ball | Puppe | Quartett |

| Flugzeug | Haarspange | Trinkflasche |

Heft 1, Seite 7 ①
ein Spiel, eine ...
...

2 Spiele mit einem anderen Kind ein Gespräch.

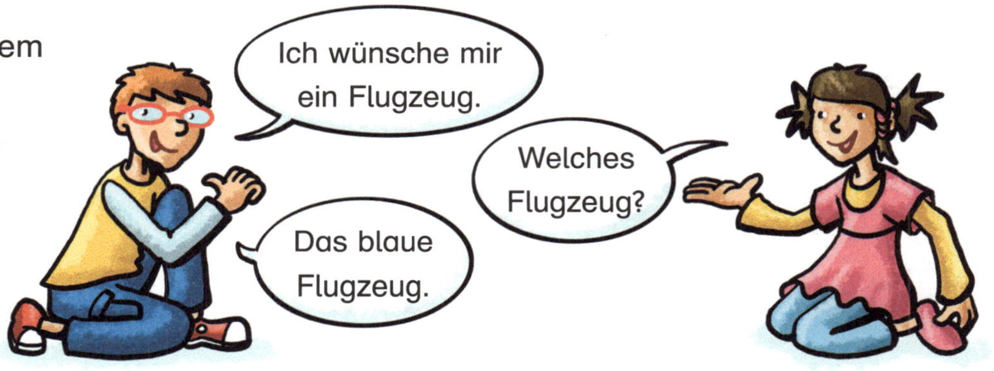

> Ich wünsche mir ein Flugzeug.

> Das blaue Flugzeug.

> Welches Flugzeug?

3 Ergänze die Sätze und schreibe sie auf. Unterstreiche den Artikel.

| das Tierbuch | ein Lied | eine Blume |

| ein Geldstück | der Mond | die Sonne |

Heft 1, Seite 7 ③
Am Tag scheint die ...
...

Am Tag scheint ▢. Nachts scheint ▢.

Auf dem Boden liegt ▢. Lisa pflückt ▢.

Wir singen ▢. Tim gefällt ▢.

1 Nomen in Einzahl und Mehrzahl bilden

1 Schreibe die Nomen in der Einzahl und in der Mehrzahl mit Artikel auf.
Markiere, was sich in der Mehrzahl verändert.

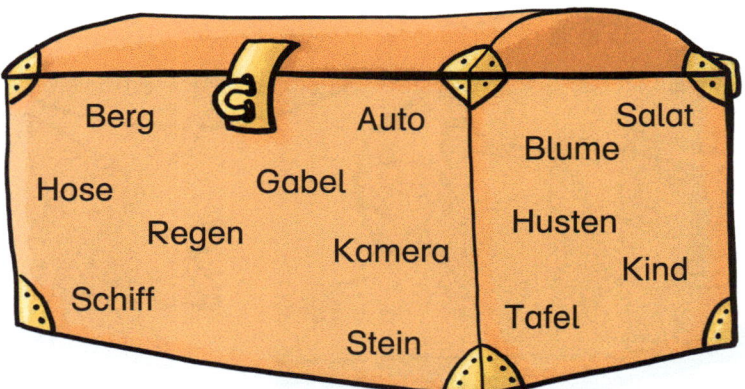

Berg Auto Salat Blume Hose Gabel Regen Husten Kamera Kind Schiff Tafel Stein

Zwei Wörter gibt es nur in der Einzahl.

Heft 1, Seite 8 ①
der Berg – die Berge, ...

...

2 Ordne jedem Bild den passenden Tiernamen zu.
Schreibe die Tiernamen in der Einzahl und in der Mehrzahl auf.

Heft 1, Seite 8 ②
1 die Gans – die Gänse, ...

...

| die Gans | die Maus | der Vogel | die Laus | der Fuchs | der Storch |

3 Bei manchen Nomen ändert sich das Mehrzahlwort nicht.
Schreibe Einzahl und Mehrzahl mit dem richtigen Artikel auf.

Heft 1, Seite 8 ③
1 das Fenster – die Fenster, ...

...

1 Nomen für Gefühle kennen lernen

1 Ordne jedem Bild das passende Nomen zu.
Schreibe die Nomen mit Artikel auf.

Heft 1, Seite 9 ①
1 die Freude, …
…

Stolz	Neugier	Freude
Wut	Schreck	Angst

2 Schreibe den Text in dein Heft. Unterstreiche alle Nomen.

In der Klasse 3b findet ein Sportfest statt.
Elena hat Angst, dass sie zu langsam läuft.
Aber als der Schiedsrichter die Startklappe
zusammenklappt, läuft sie nach einem kurzen
Schreck los. Sie ist zum Glück sehr schnell.
Voller Stolz nimmt sie ihren Preis entgegen.
Alexander klatscht nicht. Die Wut und der
Ärger stehen ihm ins Gesicht geschrieben.
Schade!

Heft 1, Seite 9 ②
In der Klasse 3b …
…

Heft 1, Seite 9 ③
die Angst, …
…

3 Schreibe die sechs Nomen für Gefühle
von **2** mit Artikel in dein Heft.

1 Oberbegriffe verwenden

1 Alle Dinge müssen in die richtigen Kisten.
Schreibe die Nomen mit Artikel auf.

> Für Dinge,
> die zusammengehören, gibt es
> einen Oberbegriff.

Heft 1, Seite 10 ①

Spielsachen:

das Flugzeug, …

Kleidung:

die Hose, …

Schreib-und Bastelmaterial:

das Papier, …

2 Finde Oberbegriffe für die Wörter.

a) Tisch, Schrank,
Bett, Lampe

b) Apfel, Orange,
Ananas, Banane

c) Eiche, Rose,
Tulpe, Buche

d) Hammer, Säge,
Bohrer, Axt

e) Roller, Auto,
Bus, Lastwagen

f) Tasse, Teller,
Müslischale, Eierbecher

Heft 1, Seite 10 ②

a) Möbel

…

3

> Die Wörter ich, du, er, sie, es, wir, ihr, sie sind **Pronomen**.
> Pronomen können Nomen ersetzen: Der Flummi ist rund. Er ist rund.

1 Schreibe den Text als Rätsel.
Ersetze das Nomen **Flummi** durch das Pronomen **er**.
Lies das Rätsel einem anderen Kind vor.

Der Flummi ist rund und glatt.

Der Flummi kann verschiedene Farben haben.

Der Flummi ist ganz aus Gummi.

Der Flummi kann gut springen,

wenn man ihn auf den Boden wirft.

Heft 1, Seite 11 ①
Er ist rund und ...
...

2 Löse das Rätsel.
Schreibe den Text mit dem richtigen Nomen ab.

Sie ist rund und glatt.

In der Mitte hat **sie** bunte Farben.

Sie ist durchsichtig.

Sie kann gut rollen.

Heft 1, Seite 11 ②
Die ...
...

3

Es ist dünn. Es ist lang. Es hat Zahlen darauf.

1. Pronomen richtig zuordnen

1 Ergänze die Pronomen in Gedanken. Schreibe den Text ab. Lies den Text einem Partnerkind vor.

sie	er	sie	wir	es

Das ist Lina. ☐ hat den Urlaub bei ihrem Opa verbracht. ☐ ist mit Lina in den Zoo gegangen. ☐ haben die Tiere beobachtet. Lina hat es sehr gut gefallen. „☐ sollten das öfter machen", hat sie gesagt. Auf dem Rückweg haben Opa und Lina noch ein Eis gegessen. ☐ hat prima geschmeckt.

Heft 1, Seite 12 ①
Das ist Lina. Sie …
…

2 Lies den Text. Ergänze die Pronomen in Gedanken. Schreibe die Nomen und Pronomen als Paare ins Heft.

Das Wort **Zoo** bedeutet „Tier".

☐ ist die Kurzform für zoologischer Garten.

Der Zoo ist meistens eine große Anlage.

☐ dient zur Haltung verschiedener Tierarten.

Heft 1, Seite 12 ②
das Wort – es, die Anlage – …
…

Der Zoo in Stuttgart ist einzigartig.

☐ ist gleichzeitig ein Zoo und ein botanischer Garten.

In den verschiedenen Hallen leben viele Tiere.

☐ können das ganze Jahr über besucht werden.

Im Jahr 2005 blühte in der Wilhelma die größte Pflanze der Welt.

☐ stellte mit 2,70 m einen neuen Weltrekord auf.

Man kann die Wilhelma an 365 Tagen im Jahr besuchen.

☐ ist sogar an Weihnachten und Silvester geöffnet.

→ AH Seite 6

2. Passende Verben finden

1 Schreibe auf, was die Kinder in der Pause tun.
Unterstreiche die Verben.

über den Hof	Tischtennis	Gummitwist

Obst	Seil	Ball	auf der Mauer

Heft 1, Seite 13 ①
über den Hof gehen, …
…

2 Finde immer drei passende Verben.

im Klassenzimmer   **in der Turnhalle**   **auf dem Schulweg**

lesen	turnen	fangen

schreiben	warten	gehen

rennen	aufpassen	basteln

Heft 1, Seite 13 ②
im Klassenzimmer: lesen, …
in der Turnhalle: …
auf dem Schulweg: …

3

2. Passende Verbformen bilden

Verben stehen im **Wörterbuch** in der Grundform.

Die Grundform hat am Ende ein **-n**, oder **-en**.

In **Texten** stehen die Verben oft in der **Personalform**.

Die Endung zeigt, wer etwas tut:

ich geh**e**, du geh**st**, er/sie/es geh**t**, wir geh**en**, ihr geh**t**, sie geh**en**

---

1 Schreibe die vier Verben in der Grundform auf.

Julia geh**t** in die Klasse 3 b.

Sie tan**z**t Ballett.

Sie spiel**t** Geige.

Sie lieb**t** Denkspiele.

Heft 1, Seite 14 ①

Personalform	Grundform
sie geht	gehen
...	

2 Schreibe die Verben **kommen** und **hören** in der Grundform
und in allen Personalformen auf. Unterstreiche die Endung.

er, sie, es hört   ihr kommt   ihr hört

sie kommen   ich höre   wir hören

du kommst   du hörst   er, sie, es kommt

ich komme   sie hören   wir kommen

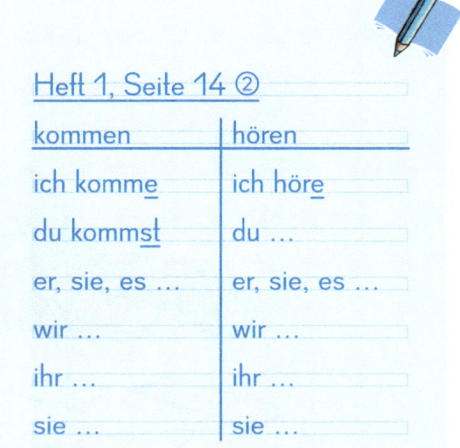

Heft 1, Seite 14 ②

kommen	hören
ich komm<u>e</u>	ich hör<u>e</u>
du komm<u>st</u>	du ...
er, sie, es ...	er, sie, es ...
wir ...	wir ...
ihr ...	ihr ...
sie ...	sie ...

2. Personalformen finden

1 Ordne die Pronomen den richtigen Personalformen zu.

ich	du
er	sie
es	wir
ihr	sie

malt	spielt
rennt	schreiben
komme	gehst
trinkt	holen

Heft 1, Seite 15 ①
ich komme, …
…

2 Wähle ein Spiel aus. Schreibe den Text ab.
Setze die Verben in der richtigen Form ein.

Zwei Spiele für Regenpausen

Heft 1, Seite 15 ② a)
Jeder Spieler faltet
seine Hände …

a) Jeder Spieler ▢ seine Hände und ▢ mit seinen
Armen einen Ring, der zu seinen Füßen ▢.
Alle Mitspieler ▢ auf ein Zeichen durch ihren
Armring, ohne dass sie die Hände ▢.

Wer das ▢,
▢ das Ganze
rückwärts.

falten	bilden
zeigen	steigen
lösen	schaffen
probieren

b) Ein Spielpartner ▢ seine Hände und ▢ die Finger.
Er ▢ die Hände nach oben, sodass er seine
Finger ▢. Zwei Kinder ▢ abwechselnd auf
einen Finger. Der Spielpartner ▢, diesen zu ▢.
Das Spiel ▢ nicht, wenn jemand die Finger ▢.

kreuzen	falten
drehen	sehen	zeigen
versuchen	bewegen
funktionieren	berühren

2 Wortstamm und Endung erkennen

Verben haben einen **Wortstamm** und eine **Endung**.
Der Wortstamm bleibt meist gleich:

trinken – ich **trink**e, **sing**en – du **sing**st, **renn**en – er **renn**t

1 Immer drei Verbformen gehören zusammen.
Schreibe sie auf. Unterstreiche den Wortstamm.

malen	sie träumt	singen
ich gehe	er geht	er baut
gehen	er malt	sie singt
ich träume	ich singe	ich baue
träumen	bauen	ich male

Heft 1, Seite 16 ①
malen – ich male – er malt
...

2 Schreibe die Sätze mit den
Personalformen von **spielen** auf.
Unterstreiche den Wortstamm.

Im Freibad

Mama ▮ mit Moritz Federball.

Wir ▮ auf der Decke.

Ich ▮ mit Murat Ball.

Lukas ▮ Fußball.

Max und Lea ▮ Ball.

Das Baby ▮ mit der Rassel.

Die Kinder ▮ alle im Wasser.

He!
Ihr spielt ja
ohne mich!

Heft 1, Seite 16 ②
Mama spielt mit Moritz Fußball.
...

2. Verbformen ergänzen

1 Schreibe alle Personalformen
mit den Pronomen auf.

| laufe | fährt | läuft |

| fahre | lauft | fahrt |

| fahren | laufen | fährst |

| fahren | laufen | läufst |

Heft 1, Seite 17 ①

	laufen	fahren
ich	laufe	
du		
er/sie/es		
wir		
ihr		
sie		

2 Schreibe den Text ab und setze
die richtigen Verbformen ein.

Bei manchen
Verben verändert sich
der Wortstamm.

Mit dem Förster im Wald

Die Klasse 3b ▢ heute mit dem
laufen
Förster durch den Wald. Maxi ▢
sehen
gleich zu Beginn ein Reh durch die Bäume
huschen. Plötzlich ▢ es stehen.
bleiben
Alle Kinder ▢ ganz still und schauen
sein
dem Reh zu, wie es kleine Zweige ▢.
fressen

Heft 1, Seite 17 ②
Die Klasse 3b läuft heute ...
...

3

er wäscht

2 Verben mit Vorsilben zusammensetzen

> Die Vorsilben ab-, auf-, aus-, be-,
> ein-, ver-, vor- kannst du vor Verben stellen.
> Vorsilben verändern die Bedeutung von Verben:
> **auf**schreiben, **ver**schreiben

1 Schreibe auf, was Murat tut.
Unterstreiche die Vorsilbe.

1
auf-
ab-
schreiben

2
vor-
ver-
tragen

3
ein-
ver-
schenken

4
ein-
aus-
gießen

Heft 1, Seite 18 ①
1 abschreiben, 2 …
…

2 Bilde mindestens acht Verben mit passenden Vorsilben.

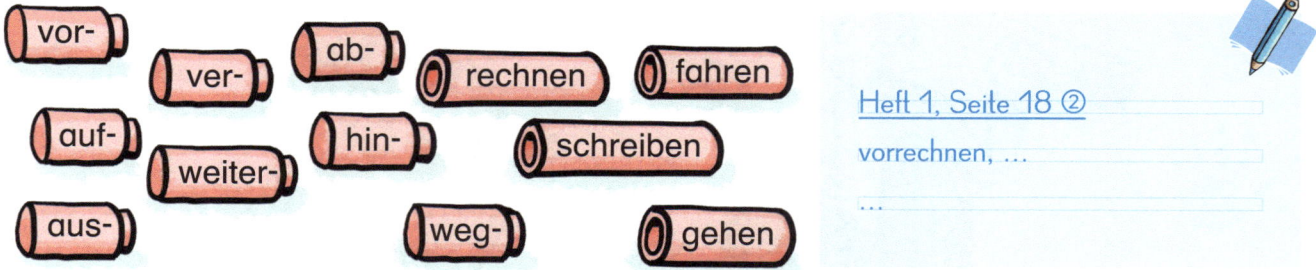

vor- ver- ab- rechnen fahren
auf- weiter- hin- schreiben
aus- weg- gehen

Heft 1, Seite 18 ②
vorrechnen, …
…

3 Finde selbst mindestens drei Verben mit Vorsilben. Schreibe Sätze.

2. Verben nach Wortfeldern ordnen

1 Ordne die Verben nach Wortfeldern.

a) Schreibe das Wortfeld **essen** auf.

b) Überlege, zu welchem Wortfeld die anderen Verben gehören.

c) Schreibe das andere Wortfeld auch in dein Heft.

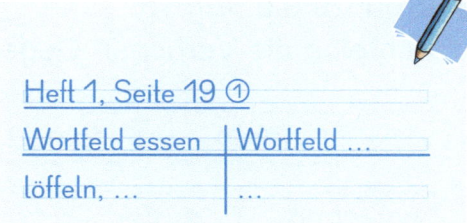

> Wörter mit ähnlicher Bedeutung bilden ein Wortfeld.

löffeln · entdecken · schlürfen · betrachten · schlingen · probieren · besichtigen · verspeisen · gucken · mampfen · naschen · glotzen · beobachten · schauen

Heft 1, Seite 19 ①	
Wortfeld essen	Wortfeld …
löffeln, …	…

2 Ordne die Wörter des Wortfelds **gehen**.

a) langsam gehen: **b)** schnell gehen:

schlendern   laufen   kriechen

humpeln   bummeln   wandern

spazieren   marschieren   flitzen

schleichen   rennen   trödeln

Heft 1, Seite 19 ②
a) langsam gehen: schlendern …
b) schnell gehen: rennen …

3

3 Zeitformen von Verben kennen lernen

> **Die Zeitformen von Verben** zeigen, wann etwas geschieht.
> - in der **Gegenwart** (= heute): Antonia **spielt** Klavier.
> - oder in der **Vergangenheit** (= früher): Julia **spielte** Geige.

1 Ergänze die Verben.
Schreibe die Verben in Gegenwart und Vergangenheit auf.

hören	fahren	schrieben

wuschen	dürfen	fuhren	hörten

schreiben	waschen	durften

Heft 1, Seite 20 ①
1 hören – hörten, …
…

1 Heute hören die meisten Menschen Musik auf CD an.
Früher ☐ viele Menschen Musik auf Schallplatten.

2 Heute dürfen alle Kinder in die Schule gehen.
Früher ☐ oft nur die Jungen in die Schule gehen.

3 Heute ☐ die Menschen mit dem Auto.
Früher ☐ die Menschen mit Kutsche und Pferd.

4 Heute ☐ die Menschen ihre Wäsche mit der Waschmaschine.
Früher ☐ die Menschen ihre Wäsche von Hand.

5 Heute ☐ die Menschen oft eine SMS oder eine E-Mail.
Früher ☐ die Menschen einen Brief.

2 Überlege dir mindestens vier eigene Sätze, wie es früher war und heute ist. Schreibe sie auf.

Heft 1, Seite 20 ②
Früher …
Heute …

3. Gegenwart und Vergangenheit von Verben bilden

1 Bilde mit den Verben die Vergangenheitsform.
Verwende das Pronomen **ich**.

besuchen	erzählen	geben
bringen	können	zeigen
nehmen	schütten	machen

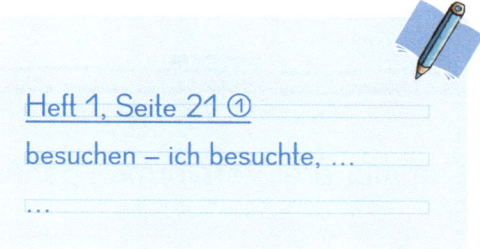

Heft 1, Seite 21 ①
besuchen – ich besuchte, …
…

2 Schreibe die Verben mit den Pronomen auf.
Ergänze die Grundform.

Damals und heute

Früher <u>gab</u> es für die Arbeit kaum Maschinen.

Die Menschen <u>arbeiteten</u> zusammen.

Beim Hausbau <u>mussten</u> sie alle anpacken.

Die ganze Familie und auch die Nachbarn

<u>halfen</u> mit. Es <u>gab</u> noch keinen Kran, der

die Materialien <u>transportierte</u>. Die Zimmerleute

<u>zogen</u> die Balken von Hand auf das Dach.

Die Bauern <u>spannten</u> den Pflug hinter das Pferd

oder den Ochsen. Sie <u>schnitten</u> das reife Getreide

mit einer Sense.

Die Bäuerin <u>melkte</u> die Kühe von Hand.

Sie <u>knetete</u> Teig mit der Hand, um Brot zu backen.

Heft 1, Seite 21 ②
es gab – geben,
sie arbeiteten – …
…

3. Zeitformen von Verben üben

Bei manchen Verben verändert sich in der Vergangenheit der Wortstamm:
wir sehen – wir sahen

1 Immer drei Verbformen gehören zusammen. Schreibe auf.

| schreien | sehen | wir riefen | kommen | ich schreie |

| er sprach | rufen | ihr kommt | sie gießen |

| sie aß | es hilft | gießen |

| du sahst | sprechen | ich schrie |

| es half | ihr kamt | er spricht |

| sie isst | wir rufen | helfen |

| du siehst | sie gossen | essen |

Heft 1, Seite 22 ①

Grundform	Gegenwart	Vergangenheit
schreien	ich schreie	ich schrie
...	...	...

2 Schreibe die Wörter mit ihrer Grundform auf.

| halfen | stand | schwamm | lag | aß |
| wusste | blieb | bekam | ließ | fuhr |

Heft 1, Seite 22 ②

halfen – helfen, stand – stehen, ...

...

3 Setze die Abzählverse in die Gegenwartsform.
Lies sie einem anderen Kind vor.

Da war eine feine Dame,
die kratzte sich am Arme,
die kratzte sich am Po,
such du den Floh!

Eine kleine Dickmadam
fuhr mit einer Eisenbahn.
Eisenbahn, die krachte,
Dickmadam, die lachte.
Fiel zum Wagen raus –
und DU bist aus.

3. Verben in der Vergangenheit bilden

1 Schreibe den Text ab und setze
die Verben in der Vergangenheit ein.

Schule früher

Früher ▢ die Jungen kurze Hosen.
tragen
Und das ▢ nicht nur im Sommer so.
sein
Im Winter ▢ sie dazu dicke Strümpfe an
ziehen
und ▢ sich auf den Weg in die Schule.
machen
Die Mädchen ▢ mit Kleidern in die Schule.
gehen
Oft ▢ sie noch eine Schürze darüber.
binden
In der Schule ▢ Mädchen und Jungen oft getrennt.
sitzen
Wenn jemand nicht ▢, ▢ er vom Lehrer
folgen *bekommen*
mit einem Stock Schläge auf die Hände.

Heft 1, Seite 23 ①
Früher trugen die Jungen kurze
Hosen. …
…

2 Schreibe mindestens sechs Vergangenheitsformen
mit einem passenden Pronomen auf. Ergänze die Grundform.

wusste	stand	fragte	war	saß
hatte	sagte	trank	las	ging
glaubte	blieb	fuhr	aß	ließ
kratzte	bekam	halfen	lag

Heft 1, Seite 23 ②

Vergangenheit	Grundform
er wusste	wissen
sie …	

3

Mit Adjektiven kann man ganz genau beschreiben.

1 Erfindet Tierrätsel.
Jedes Kind beschreibt ein Tier mit zwei Adjektiven.
Das Rätsel ist schwerer, wenn du als Erstes ein Adjektiv wählst,
das auf mehrere Tiere zutrifft, z. B. **gestreift**.

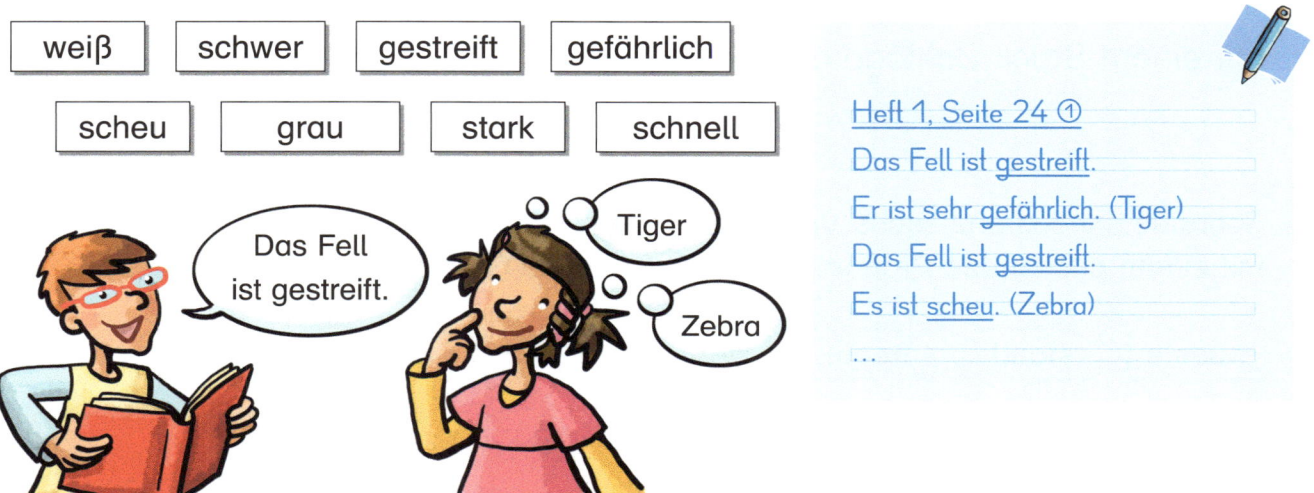

| weiß | schwer | gestreift | gefährlich |
| scheu | grau | stark | schnell |

Das Fell ist gestreift.

Tiger

Zebra

Heft 1, Seite 24 ①
Das Fell ist gestreift.
Er ist sehr gefährlich. (Tiger)
Das Fell ist gestreift.
Es ist scheu. (Zebra)
...

2 Wähle einen Tiernamen.
Finde zu jedem Buchstaben ein passendes Adjektiv zu dem Tier.

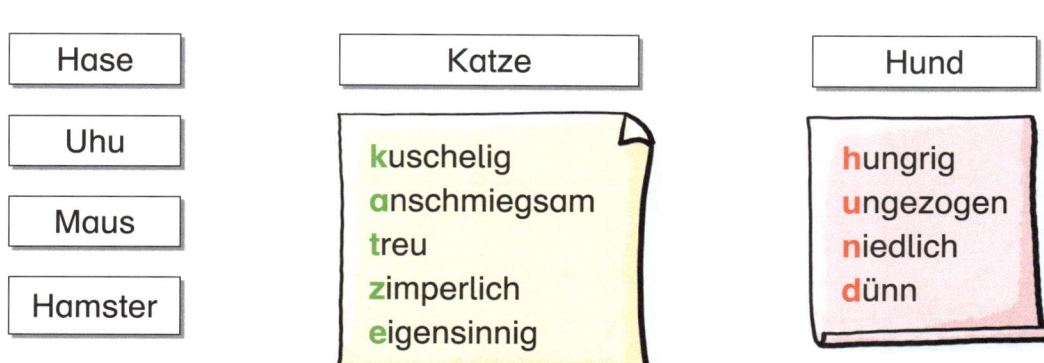

| Hase |
| Uhu |
| Maus |
| Hamster |

Katze
kuschelig
anschmiegsam
treu
zimperlich
eigensinnig

Hund
hungrig
ungezogen
niedlich
dünn

4 Gegensatzpaare finden

1 Finde in jeder Wörterschlange Adjektivpaare, die das Gegenteil ausdrücken.

Heft 1, Seite 25 ①

Wörterschlange 1: leise – laut, ...

Wörterschlange 2: teuer – ...

leiselangsamdummgesundlautreichklugschnellkrankdünnarmdick

Wörterschlange 1

teuergroßneuweichhellbillighartaltkleintraurigdunkelfröhlich

Wörterschlange 2

2 Suche das Gegenteil.
Schreibe die Wortpaare auf.

Was leicht ist, ist nicht ▢.

Was hart ist, ist nicht ▢.

Was voll ist, ist nicht ▢.

Heft 1, Seite 25 ②

leicht – schwer, ...

...

Was warm ist, ist nicht ▢.

Was groß ist, ist nicht ▢.

Wer arm ist, ist nicht ▢.

Wer jung ist, ist nicht ▢.

Was schmutzig ist, ist nicht ▢.

3 Wähle ein Kind
aus deiner Klasse.
Beschreibe es, wie es **nicht** ist.
Lass andere Kinder raten.

> Das Mädchen ist **nicht** groß.
> Die Haare sind **nicht** glatt und **nicht**
> lang. Die Hose ist **nicht** lang.

4 Adjektive anpassen

1 Finde passende Adjektive zu den Nomen.
Du kannst die Adjektive mehrfach verwenden
oder eigene finden.

> Mein schicker Hut.

| schick | lecker | duftend | topgünstig |

| leistungsfähig | modern | stabil | weiß |

| schnell | reduziert | superdick |

| Schuhe | Milch | Zahnpasta | Saft |

| Tennisschläger | Farbe | Schokoküsse |

| Computer | Shampoo | Motorrad | Marmelade |

Heft 1, Seite 26 ①
die schicken Schuhe, ...

...

2 Setze die Adjektive in der richtigen Form in die Lücken.
Schreibe die Sätze auf.

Ein ▭ Hund bellt laut.
  klein
Die ▭ Sonne strahlt hell.
  warm
Das ▭ Gras wird gemäht.
  lang
Heute weht ein ▭ Wind.
  kalt

Heft 1, Seite 26 ②
Ein kleiner Hund bellt laut.

...

3

> Ein spitzer Stein.

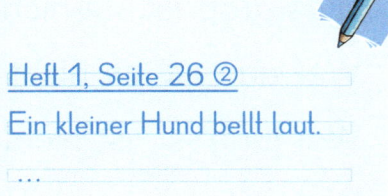

4 Adjektive mit -ig bilden

1 Bilde zu jedem Nomen aus der Wörterschlange ein Adjektiv mit **-ig**. Schreibe die Wortpaare auf.

Aus vielen Nomen kannst du Adjektive mit -ig bilden.

Heft 1, Seite 27 ①
die Luft – luftig, ...
...

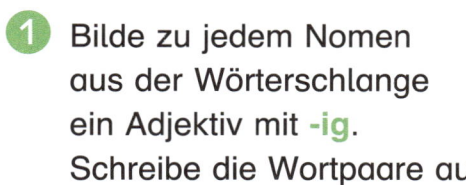

LUFTSCHATTENGIFTSONNETRAUERBISSHUNGERWITZDURST

2 Bilde Adjektive und schreibe die Wörter auf.

ein ▢ Mensch | Trauer

ein ▢ Glas | Schmutz

ein ▢ Tag | Wind

ein ▢ Weg | Schatten   eine ▢ Maus | Hunger

ein ▢ Himmel | Nebel   eine ▢ Frau | Ruhe

ein ▢ Pilz | Gift   eine ▢ Straße | Stein

Heft 1, Seite 27 ②
ein trauriger Mensch, ...
...

3

der Kleber klebrig

der Mut mutig

4 Adjektive mit -ig und -lich verwenden

1 Lies den Text laut und setze **-ig** und **-lich** richtig ein.

Am Nordpol

Professor Gerneklug und sein Assistent Moritz machten Station
am Nordpol. Als sie morgens ihr Lager verlassen wollten,
stand ein schreck✱ großer Eisbär davor. Gemüt✱ kam der Bär
auf sie zugetrottet. Sie wussten, Eisbären sind sehr angriffslust✱,
wenn sie hungr✱ sind. Moritz begann bitter✱ zu weinen.
Auch dem Professor war das Ganze sehr unheim✱. Wir sind verloren,
dachte er. Doch der Bär schnüffelte nur neugier✱ am Zelt
und trottete dann fried✱ weiter. Gerade noch mal gut gegangen!

2 Ordne die Wörter mit **-ig** oder **-lich** in eine Tabelle.

| schwier- | hungr- | nütz- | flüss- |

| biss- | glück- | traur- | freund- |

| richt- | empfind- | schmutz- | gefähr- |

| fett- | sonn- | ängst- |

Heft 1, Seite 28 ②

-ig	-lich
schwierig	nützlich
...	...

3 Wähle jeweils vier Adjektive
mit **-ig** oder **-lich** aus
und bilde Sätze.

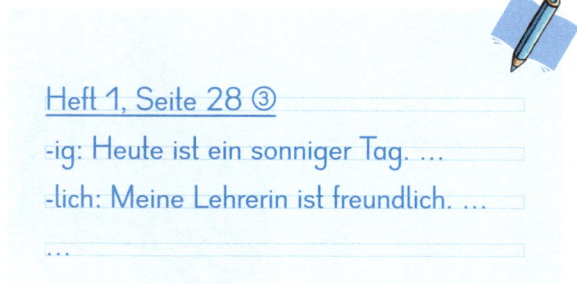

Heft 1, Seite 28 ③

-ig: Heute ist ein sonniger Tag. ...

-lich: Meine Lehrerin ist freundlich. ...

...

4 Mit Adjektiven vergleichen

Mit Adjektiven kann man Menschen, Tiere, Pflanzen
oder Dinge **vergleichen**.
In der **Grundstufe** verwendet man **wie**.
In der **1. Vergleichsstufe** verwendet man **als**.
Beispiel: Jan ist so groß **wie** sein Freund Lukas (Grundstufe).
Batol ist größer **als** Marie (1. Vergleichsstufe).
Tobias ist am größten (2. Vergleichsstufe).

1 Schreibe die Vergleiche in dein Heft.

 schnell

groß

    winzig

Heft 1, Seite 29 ①
Ein Fahrrad ist schnell.
Ein Motorrad ist schneller.
Ein Auto ist am schnellsten.
...

2 Finde selbst so einen Vergleich entweder von drei Pflanzen,
drei Tieren, drei Dingen oder drei Menschen.

3 Schreibe die Vergleichsformen in dein Heft. Unterstreiche das Adjektiv.

1 Mein Fußball ist so gut ▨ der von Raphael.

2 Bens Fahrrad ist größer ▨ das von Tim.

3 Schokolade schmeckt mir besser ▨ Spinat.

4 Mein Vater ist älter ▨ der von Tina.

5 Sport macht mir genauso viel Spaß ▨ Mathe.

6 Unser Hund Laika bellt lauter ▨ der von unseren Nachbarn.

Heft 1, Seite 29 ③
1 so gut wie
2 ...

→ AH Seite 28

5. Zusammengesetzte Nomen finden

1 Finde die zusammengesetzten Nomen.
Unterstreiche den großen Anfangsbuchstaben.

Heft 1, Seite 30 ①
die Hand, der Schuh = der Handschuh; …
…

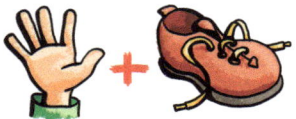 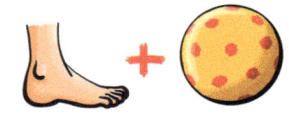

2 Bilde zusammengesetzte Nomen mit **Feuer**.
Ordne sie den Bildern zu.

Heft 1, Seite 30 ②
1 das Feuerzeug, …
…

der Melder	die Leiter

das Zeug

das Werk	der Löscher

3 Bilde zusammengesetzte Nomen mit **Stadt**.
Schreibe sie mit Artikel auf.

Heimatstadtplan?

Heft 1, Seite 30 ③
der Stadtteil, …
…

Teil	Mauer	Hafen
Tor	Mitte	Zentrum
Haupt	Turm	
Heimat	Plan	Park
Rand	Apotheke	Halle

5. Nomen und Verben zusammensetzen

Aus Verben und Nomen entstehen zusammengesetzte Nomen.
Dabei verändern sich die Verben.
Zusammengesetzte Nomen werden großgeschrieben:

das Stinktier: stinken + das Tier

1 Lies den Text. Finde mindestens sechs
zusammengesetzte Nomen aus Verb und Nomen.

Die Klasse 3b war gestern im Zoo.
Lisa und Tim fanden die Schleichkatzen toll,
Alex und Serkan waren bei den Wanderratten
und den Stinktieren. Hanna und Nam haben
einen Brüllaffen und einen Springbock
gesehen. Max erzählt von der Klapperschlange,
die eine Springmaus gepackt hatte. Einige Kinder
haben ein Quiz über Singvögel gemacht.

Heft 1, Seite 31 ①
die Schleichkatze:
schleichen + die Katze, ...

...

2 Finde zusammengesetzte Nomen. Schreibe sie mit Artikel auf.

| schauen | turnen | rollen | fahren |

| wühlen | hüpfen | schreiben |

Heft 1, Seite 31 ②
schauen + das Bild =
das Schaubild, ...

...

3 Denkt euch noch mehr
zusammengesetzte
Wörter aus.
Das erste Wort soll
ein Verb sein.

spielen

Spielplatz,
Spielzeug, ...

5. Adjektive zusammensetzen

1 Schreibe die zusammengesetzten Adjektive in dein Heft.
Erkläre ihre Bedeutung.

 weiß

 hart

 grün

 leicht

Zucker süß

rund

glatt

kalt

> Zusammengesetzte Adjektive schreibt man immer klein.

Heft 1, Seite 32 ①
schneeweiß: so weiß wie Schnee,
...

2 Finde Gegensatzpaare.

strohdumm	zwergenklein	nagelneu
steinalt	potthässlich	armdick
bildschön	rabenschwarz	
schneeweiß	steinhart	hauchdünn
riesengroß	butterweich	blitzgescheit

Heft 1, Seite 32 ②
strohdumm – blitzgescheit, ...
...

3 Setze die fünf Adjektive zusammen.

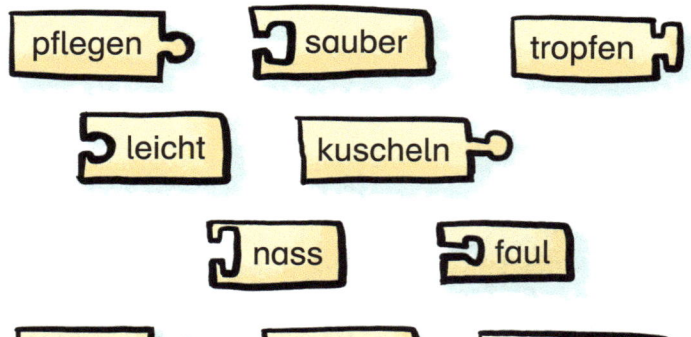

pflegen   sauber   tropfen
leicht   kuscheln
nass   faul
blitzen   weich   schreiben

Heft 1, Seite 32 ③
pflegen + leicht = pflegeleicht
...

5 Nomen mit -chen und -lein bilden

1 Ordne die Märchennamen den Bildern zu.
Unterstreiche **-chen** und **-lein**.

> Die Wortbausteine
> -chen und -lein machen
> vieles klein.

 1

 2

 3

 4

 5

 6

Heft 1, Seite 33
1 Das …
…

| Rotkäppchen | Der Wolf und die sieben Geißlein | Rumpelstilzchen |

| Das tapfere Schneiderlein | Schneewittchen | Tischlein deck dich |

2 Schreibe auf, wie die Gegenstände bei den Zwergen heißen.

> Wer hat mit meinem
> Löffelchen gegessen?

| Stuhl | Bett |

| Becher | Blume |

| Schwester | Flasche | Schlüssel |

| Pflanze | Mann | Wurst |

Heft 1, Seite 33
der Stuhl – das Stühlchen, …
…

3 Lies den Witz so oft, bis du ihn erzählen kannst.

Lehrer: Max, nenne mir Tiere!

Max: Schweinchen, Pferdchen, Entchen, …

Lehrer: Die Tiere sollen nicht alle klein sein. Lass das -chen weg.

Max: Hündchen, Kätzchen, …

Lehrer: Du sollst das -chen weglassen!

Max: Kanin, Eichhörn, …

5. Zusammengesetzte Wörter erkennen

1 Trenne die zusammengesetzten Nomen.

| Singvogel | Spitzmaus | Rothirsch |

| Brennnessel | Wildschwein |

| Springkraut | Grünspecht | Fliegenpilz |

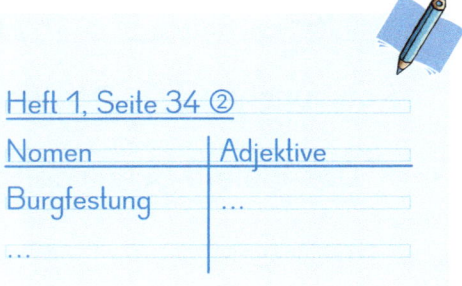

Heft 1, Seite 34 ①

Verb + Nomen	Adjektiv + Nomen
singen + der Vogel:	...
der Singvogel	
...	

2 Schreibe mindestens fünf zusammengesetzte Nomen und fünf zusammengesetzte Adjektive auf.

Heft 1, Seite 34 ②

Nomen	Adjektive
Burgfestung	...
...	

Die Sage von der Burg Reußenstein

Der baumlange Riese Heim wollte
eine Burgfestung bauen. Da rief er
mit ohrenbetäubender Stimme ins Tal:
„Wer von euch Menschenzwergen will mir helfen
eine Burg zu bauen?" Es erschienen zahlreiche
Handwerker und nahmen die vielfältige Arbeit
freudig auf, denn der steinreiche Riese versprach
reichlichen Lohn. Bald stand auf dem Felsgestein
eine riesengroße Burg. Nur am winzigkleinen
Klappfenster im haushohen Aussichtsturm
fehlte noch ein Nagel. Der hochherzige Riese
versprach demjenigen, der den Nagel einschlüge,
besonders reichen Lohn. Alles staunte,
als ein todesmutiger Bursche es wagte,
den Eisennagel einzuschlagen.
Der großzügige Riese beschenkte
den jungen Burschen reichlich.

6 Aussagesätze und Ausrufesätze erkennen

Nach einem **Aussagesatz** steht ein Punkt. Der Ball rollt auf die Straße.
Nach einer **Aufforderung** oder einem Ausruf steht ein Ausrufezeichen:
Beeilt euch!

1 Finde die fünf Aussagesätze.
Setze Punkte am Satzende.
Schreibe Satzanfänge groß.

> Lies langsam Wort für Wort
> und finde so heraus, wann ein Satz zu Ende ist.
> Der – See – ist – zugefroren.

DER SEE IST ZUGEFROREN DIE
KINDER FREUEN SICH EINIGE FAHREN
MIT IHREN SCHLITTSCHUHEN TIM IST
GERADE HINGEFALLEN ZUM GLÜCK
IST NICHTS PASSIERT

Heft 1, Seite 35 ①
Der See ist zugefroren. ...
...

2 Schreibe zu jeder Person den passenden Ausrufesatz.
Male ein Warnschild in dein Heft. Beschrifte es.

Heft 1, Seite 35 ②
Tim: ...!
...

Tim
Lukas
Lisa

He! Man darf nicht aufs Eis!

Bleib stehen!

Das ist mir doch egal!

3 Schreibe die Sätze ab. Denke bei jedem Satz
an den Punkt oder das Ausrufezeichen.

Ein Liter Eis ist leichter als ein Liter Wasser Das
kann doch nicht sein Doch Das Wasser dehnt sich
aus, wenn es kälter wird Eis schwimmt im Wasser
Erstaunlich Ja Seen frieren im Winter von oben
zu Fische können unter dem Eis weiterleben

Heft 1, Seite 35 ③
Ein Liter Eis ist leichter als
ein Liter Wasser. Das ...

6 Fragesätze bilden

Am Ende einer **Frage** steht ein Fragezeichen: Wie alt bist du?

1 Finde die Fragesätze. Setze Fragezeichen am Satzende. Schreibe Satzanfänge groß.

Heft 1, Seite 36
Was ist dein Lieblingstier? ...
...

was ist dein Lieblingstier wie alt bist du welche Bücher magst du was schaust du gerne im Fernsehen an wo möchtest du mal hinreisen welche Musik magst du

2 Ergänze bei den Fragen das Fragewort.
Ordne jedem Fragesatz den passenden Antwortsatz zu.

Wer	Wo	Was	Warum	Wie	Wohin

Heft 1, Seite 36
Wer kommt mit zum Spielplatz?
Ich komme mit. ...

◻ kommt mit zum Spielplatz?   ◻ geht es dir?

◻ ist meine Brille?   ◻ wollen wir machen?

◻ bist du nicht mitgekommen?

◻ fahren wir in den Ferien?

Ich komme mit.	Wir können ein Spiel spielen.	Ich hatte einen Zahnarzttermin.

Sie liegt auf dem Tisch.

Danke, mir geht es gut.

Wir fahren an die Ostsee.

3 Sortiere in Fragesätze und Aussagesätze.
Setze das passende Satzzeichen am Satzende ein.

Ich gehe zum Ballett✷   Kommst du heute zu mir✷

Wo ist deine Tasche✷   Auf dem Tisch liegt ein Stift✷

Magst du ein Eis✷   Wir gehen in die Turnhalle✷

Heft 1, Seite 36
Aussagesätze: ...
Fragesätze: ...

→ AH Seite 42

6. Bei Aufzählungen ein Komma setzen

Wenn Wörter oder Satzglieder aufgezählt werden,
dann muss ein **Trennzeichen** dazwischen: das **Komma**.
Ich möchte bitte einen Eisbecher mit Erdbeer, Vanille,
Schokolade und Nuss.

1 Schreibe den Satz ab.
Setze an den richtigen Stellen ein Komma.

Ich möchte bitte einen Eisbecher
mit Schokolade Banane Erdbeer Zitrone
Vanille Nuss Pistazie Kirsch Aprikose Kokos
und Sahne.

Heft 1, Seite 37 ①
Ich möchte bitte einen Eisbecher
mit Schokolade, …

2 Schreibt zehn Dinge auf Papierstreifen, die ihr auf eine
Reise mitnehmen wollt. Schreibt alles in einem Satz auf.
Denkt an das Komma bei Aufzählungen.

Heft 1, Seite 37 ②
Ich packe meinen Koffer und lege
eine Mütze, Handschuhe, …

3 Für eine Reise packst du einen Picknickkorb
mit zehn Sachen zum Essen und Trinken ein.
Schreibe in dein Heft.

Heft 1, Seite 37 ③
Ich packe einen Korb mit Brot, …
…

6 Satzzeichen passend verwenden

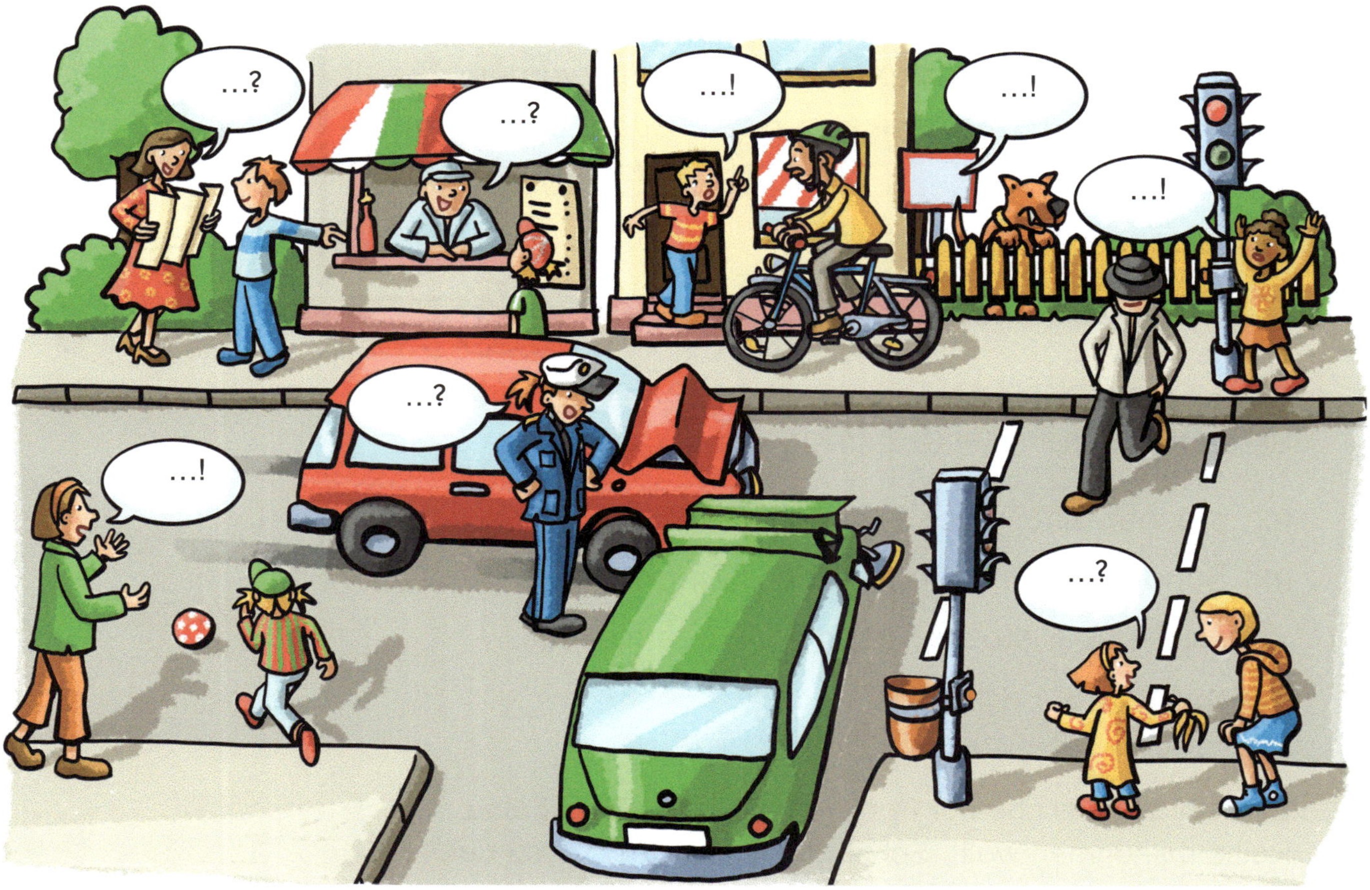

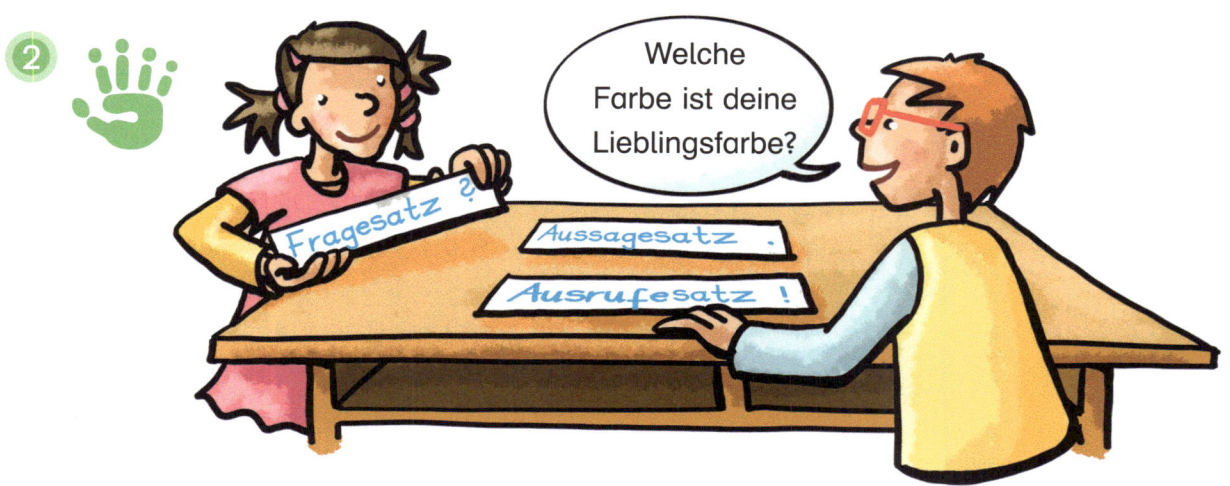

1 Schau dir das Bild an.

a) Was passiert? Schreibe mindestens vier Aussagesätze.

b) Überlege, was auf dem Warnschild steht.

c) Was könnten die Leute sagen oder fragen? Schreibe auf.

Heft 1, Seite 38 ①
a) Aussagesätze:
Ein Ball rollt auf die Straße.
...

2

7 Die wörtliche Rede kennen lernen

> Was tatsächlich gesprochen wird, nennt man **wörtliche Rede**.
> Davor stehen Anführungszeichen unten, danach stehen sie oben.
> „Ich verstehe nicht, warum ich Englisch lernen soll."

1 Wähle einen Witz aus.
Schreibe ihn mit Anführungszeichen in dein Heft.

Heft 1, Seite 39 ①
Sohn: „Ich verstehe nicht, …
Vater: „ …
…

Vater und Sohn

Sohn: Ich verstehe nicht,
        warum ich Englisch lernen soll.

Vater: Aber Kind, die halbe Welt spricht Englisch!

Sohn: Ja eben! Genügt das nicht?

David und der Hund

David: Würden sie den Hund mal streicheln?

Frau: Aber gern. Du magst den Hund sicher sehr.

David: Das ist doch nicht mein Hund.
        Ich wollte nur wissen, ob er beißt!

Zwei Hennen

Sagt die eine Henne zur anderen: Letzte Nacht hatte ich
                                  mindestens 40 Grad Fieber.

Fragt die andere: Woher weißt du das?

Meint die erste: Heute Morgen hab ich
                 ein gekochtes Ei gelegt.

7 Einen Redebegleitsatz verwenden

Der **Redebegleitsatz** gibt an, **wer** spricht.
Nach dem Redebegleitsatz steht ein **Doppelpunkt**:
Marie ruft: „Das war ein Tor!“

1 Schreibe jeden Ausruf als wörtliche Rede mit Begleitsatz auf. Denke an passende Verben für **sagen**.

Heft 1, Seite 40
Marie ruft: „Das war ein Tor!“
...

rufen | protestieren | meinen | brüllen | bitten | jammern | schreien | meckern | schimpfen

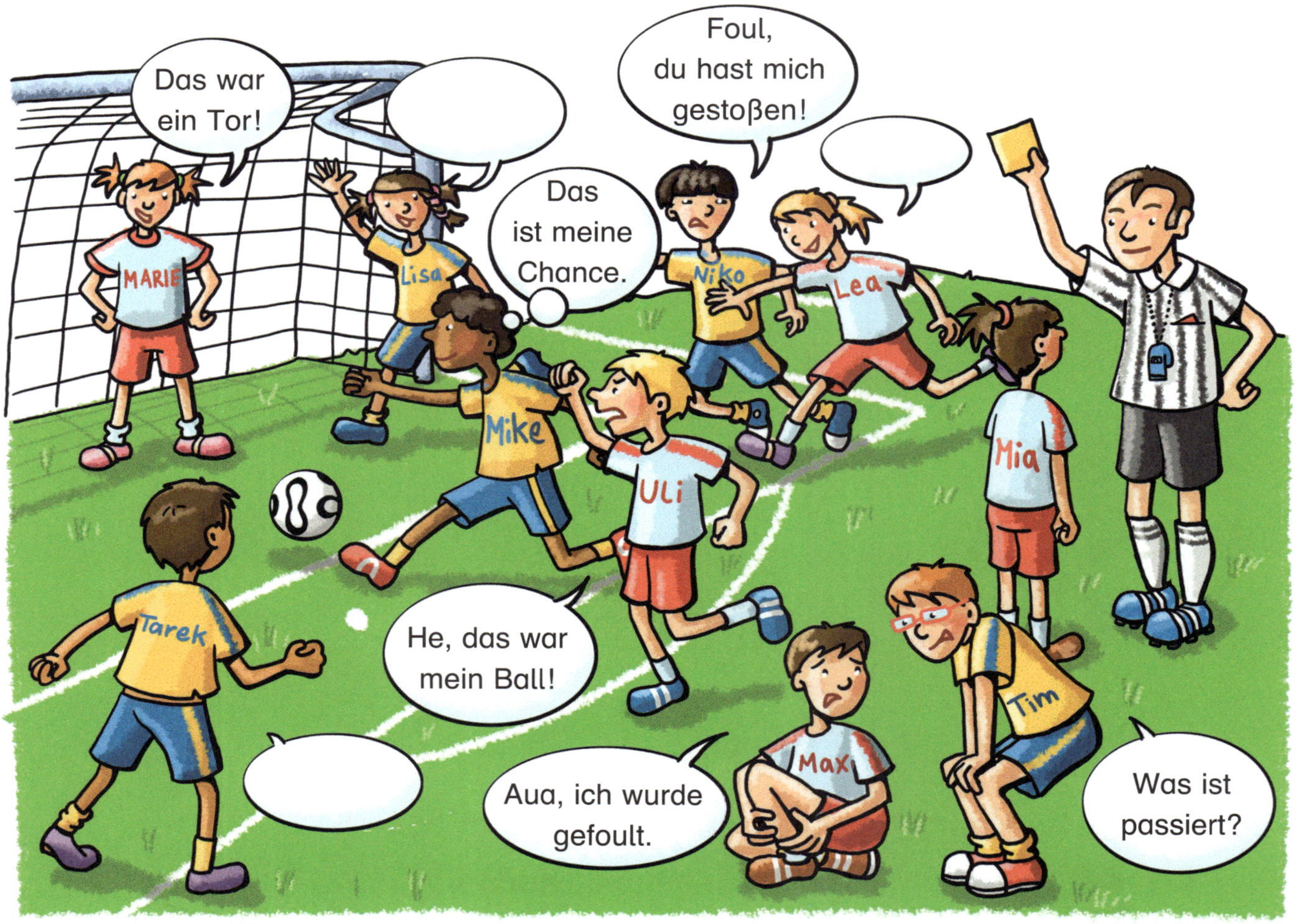

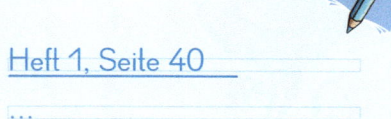

Das war ein Tor!
Foul, du hast mich gestoßen!
Das ist meine Chance.
He, das war mein Ball!
Aua, ich wurde gefoult.
Was ist passiert?
MARIE
Lisa
Niko
Lea
Mike
Uli
Mia
Tarek
Max
Tim

2 Schreibe selbst drei wörtliche Reden mit Redebegleitsatz auf.

Heft 1, Seite 40
...

→ AH Seite 49

7 Redebegleitsatz und wörtliche Rede erkennen

1 Schreibe den Text ab.
Unterstreiche die wörtlichen Reden und
die Redebegleitsätze in zwei verschiedenen Farben.

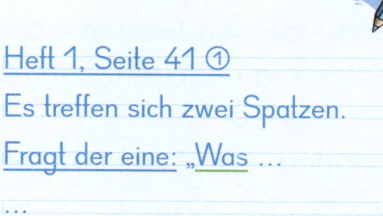

Es treffen sich zwei Spatzen.

Fragt der eine: „Was sollen wir unternehmen?"

Darauf der andere: „Lass uns zum Bodensee fliegen."

Fragt der erste: „Wo treffen wir uns?"

Meint sein Freund: „Auf der Eiche am Hafen."

Darauf der erste: „Gut, flieg schon mal voraus,

ich hab noch was zu erledigen."

Der eine Spatz fliegt zum Treffpunkt. Endlich, nach drei Stunden,

trifft sein Freund ein. Er fragt: „Wo warst du so lange?"

Da meint der andere Spatz: „ Ach, ich dachte

bei dem schönen Wetter gehe ich zu Fuß."

2 Ordne jedem Begleitsatz die wörtliche Rede zu.
Unterstreiche die Begleitsätze.

| Lisa bittet Tim: | „Lerne noch das Einmaleins." |

| Der Vater ermahnt Niko: | „Ich bin hingefallen!" |

| Der Lehrer fragt den Schüler: | „Leih mir bitte deinen Radiergummi." |

| Das kleine Kind weint: | „Hast du die Hausaufgaben gemacht?" |

3

Anna fragt Lea:
„Spielst du heute mit?"

Der Redebegleitsatz
heißt: Anna fragt Lea.

7 Wörtliche Rede schreiben

1 Denke dir für jede Sprechblase einen Begleitsatz aus.
Schreibe den Begleitsatz und die wörtliche Rede auf.
Setze die richtigen Zeichen.

Heft 1, Seite 42 ①
Mug fragt: „Was machen wir,
wenn wir cool sind, Leo?"
…

stottern	flüstern	prahlen	erklären	sagen

Mug und Leo: Ab heute sind wir cool

Was machen wir,
wenn wir cool sind, Leo?

Wenn wir zwei Coole sind, dann
schauen wir uns Filme an, für die wir
eigentlich noch zu klein sind.

Filme mit Monstern
und Vampiren und so?

Coole schauen nur Filme,
bei denen ihnen das Blut
in den Adern gefriert.

Wa-, wa-, warum
tun sie das?

Weil ihnen dann vor Angst
die Haare zu Berge stehen und das sieht
so was von cool aus, Mann!

Susann Opel-Götz

Heft 1, Seite 42 ②
Leo sagt: „Wenn wir zwei
Coole sind, dann benehmen
wir uns ganz schlecht."
Mug fragt: „…

2 Schreibe als Gespräch auf,
was Coole noch tun könnten.

8 Satzglieder umstellen

Ein Satz besteht aus mehreren Satzteilen. Man nennt sie **Satzglieder**.
Satzglieder können aus **einem** Wort oder **mehreren** Wörtern bestehen:

| Pauline und Jana | gehen | in den Zoo. |

1 Schreibe jeden Satz auf einen langen Papierstreifen.
Schneide die Satzglieder auseinander.

Pauline und Jana	gehen	in den Zoo.
Die Mädchen	besuchen	die Affen.
Danach	beobachten	beide	Seehunde.
Jana und Pauline	spazieren	zu den Pinguinen.
Dann	möchten	sie	zu den Elefanten.
Zum Abschluss	essen	sie	ein Eis.

2 Verschiebe die Teile
und bilde so viele Sätze wie möglich.

> Wenn das Verb am Satzanfang
> steht, entsteht eine Frage. Vergiss das
> Fragezeichen am Satzende nicht.

3 Suche dir einen Satz aus.
Stelle die Satzglieder um und finde
möglichst viele verschiedene Sätze.
Unterstreiche gleiche Satzglieder
in der gleichen Farbe.

Heft 1, Seite 43
Pauline und Jana gehen in den Zoo.
Gehen Pauline und Jana in den Zoo?
...

Subjekte sind Satzglieder. Sie sagen, wer oder was etwas tut.
Nach dem Subjekt fragt man mit **Wer?** oder **Was?**:

Wer besucht die Polizei? Felix.
Was ist am interessantesten? Das Polizeiauto.

1 Schreibe zu jedem Satz das Fragewort
und das Subjekt auf.

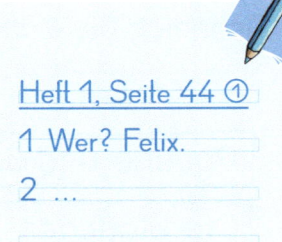

Heft 1, Seite 44 ①
1 Wer? Felix.
2 …
…

1 Felix besucht mit seiner Klasse die Polizei am Ort.

2 Die Lehrerin hat mit den Kindern über verschiedene
Berufe gesprochen. 3 Der Vater von Moni ist bei der
Polizei und hat die Klasse eingeladen. 4 Der Bus bringt
sie zum Revier in der Innenstadt. 5 Am Empfang begrüßt
sie ein Polizist freundlich. 6 Er öffnet die gesicherte
Eingangstür. 7 Monis Vater zeigt ihnen das Büro und
seine Kollegen. 8 Doch das Polizeiauto ist natürlich
am interessantesten. 9 Jedes Kind darf sich hineinsetzen.
10 Zum Abschluss macht die Lehrerin noch
ein Gruppenfoto mit Kindern und Polizisten.

2 Überlege dir einen
Aussagesatz.
Ein anderes
Kind nennt
das Subjekt.
Dann wechselt ihr.

8. Das Prädikat kennen lernen

> Jeder Satz hat ein **Prädikat**.
> Dieses Satzglied sagt aus, **was jemand tut** oder **was geschieht**.
> **Was tut** Leonie? Leonie **singt**.
> **Was geschieht** heute Mittag? Es **donnert**.

1 Stelle fest, was jemand tut.
Schreibe mindestens vier sinnvolle Sätze.

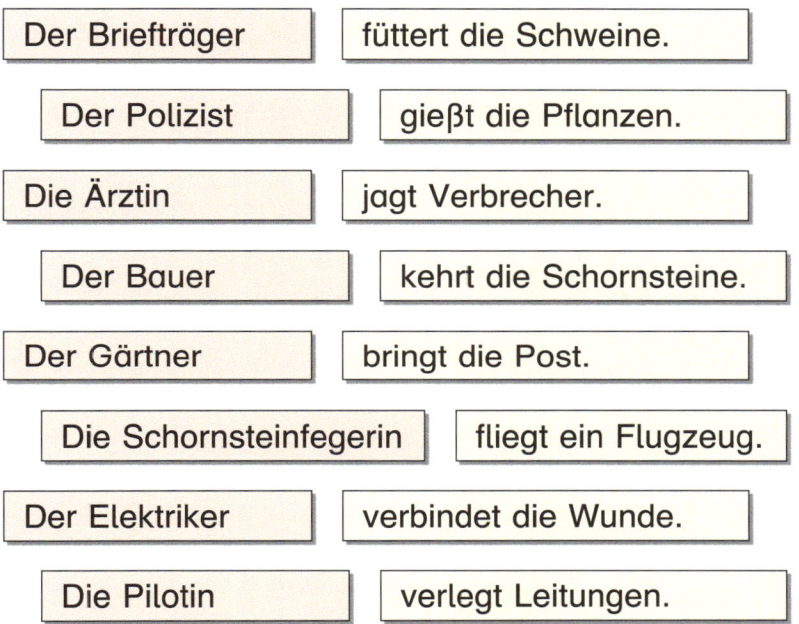

Der Briefträger	füttert die Schweine.
Der Polizist	gießt die Pflanzen.
Die Ärztin	jagt Verbrecher.
Der Bauer	kehrt die Schornsteine.
Der Gärtner	bringt die Post.
Die Schornsteinfegerin	fliegt ein Flugzeug.
Der Elektriker	verbindet die Wunde.
Die Pilotin	verlegt Leitungen.

Heft 1, Seite 45   +
Was tut der Briefträger?
Der Briefträger bringt die Post.
...

2 Unterstreiche bei allen Sätzen aus **1** das Prädikat.

3 Bilde zwei Sätze, bei denen du das Prädikat
an den Anfang setzt.

Das wird ja
eine Frage!

Heft 1, Seite 45
Verlegt der Elektriker Leitungen?
...

8 Subjekt und Prädikat verwenden

1 Erzählt abwechselnd, was die Kinder tun. Nennt Subjekt und Prädikat.

2 Bilde mindestens vier Sätze. Schreibe sie ins Heft. Markiere Subjekt und Prädikat.

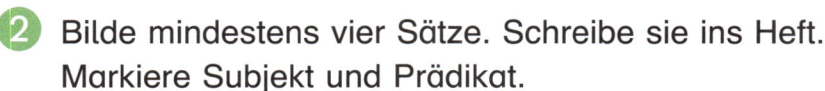

	spielt	mit dem Ball.
Pia und Lukas	klettert	um die Wette.
Sie	hüpfen	mit Lina und Nick.
	werfen	auf dem Trampolin.
	rennen	an der Sprossenwand.

Heft 1, Seite 46

Pia und Lukas rennen um die Wette.

…

3 Schreibe die Spielbeschreibung ins Heft. Unterstreiche in jedem Satz das Subjekt und das Prädikat in verschiedenen Farben.

Viele Kinder spielen
dieses Fang-Spiel in der Pause.
Das Spiel funktioniert nur bei
Sonnenwetter. Ein Kind fängt.
Der Fänger berührt den Schatten
eines Mitspielers mit dem Fuß.
Dieser Mitspieler scheidet aus.

Heft 1, Seite 46

Viele Kinder spielen dieses …

…

1 Lies die Geschichte. Entscheide dich bei jedem Satz
für eine Möglichkeit und schreibe die Sätze auf.
Markiere Subjekt und Prädikat in verschiedenen Farben.

Es war einmal

| ein Bauer | ein Prinz | ein König | .

Er lebte

| in einem Schloss | in einer Hütte | in einem Stall | .

Eines Tages

| fand er | stahl er |

| einen Schatz | einen Stein | einen Ring | .

Die

| schöne Prinzessin | alte Hexe | Zauberin |

| lachte | schimpfte | weinte sehr | .

Sie wollte ihn nicht

| heiraten | verzaubern | küssen | .

Da packte er alles

| in eine Kiste | in eine Tüte | in eine Kutsche | .

Er

| fuhr | verschwand | rannte |

| in den Wald | auf einen Berg | in eine Höhle | .

Und wenn er nicht gestorben ist, dann lebt er da noch immer.

2 Schreibe selbst eine Entscheidungsgeschichte
und tausche sie mit einem Partner aus.
Unterstreiche Subjekt und Prädikat.

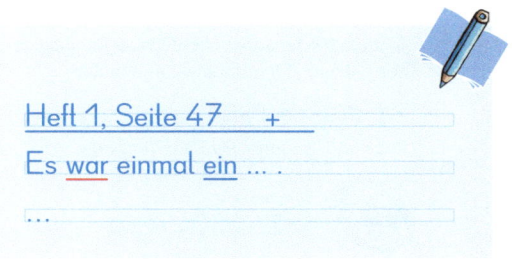

Heft 1, Seite 47   +

Es war einmal ein ... .

...

Einsterns 3
Schwester

Themenheft 1

Sprache untersuchen

Herausgegeben von: Roland Bauer, Jutta Maurach

Erarbeitet von: Annette Rothfuß
und der Redaktion Primarstufe

Redaktion: Mirjam Löwen

Illustration: Yo Rühmer

Umschlaggestaltung: klein & halm, Berlin

Layout und
technische Umsetzung: Katrin Tengler

Textquelle

42 Opel-Götz, Susann: Ab heute sind wir cool. Verlag Friedrich Oetinger. Hamburg 2008

www.cornelsen.de

1. Auflage, 10. Druck 2022

Alle Drucke dieser Auflage sind inhaltlich unverändert
und können im Unterricht nebeneinander verwendet werden.

© 2011 Cornelsen Verlag, Berlin
© 2018 Cornelsen Verlag GmbH, Berlin

ISBN 978-3-06-080151-0

Druck und Bindung: Livonia Print, Riga

PEFC zertifiziert
Dieses Produkt stammt aus nachhaltig
bewirtschafteten Wäldern und kontrollierten
Quellen.
PEFC
PEFC/12-31-006
www.pefc.de